AF466977

THÈSE

DE CONCOURS

SUR

L'EXTINCTION DES OBLIGATIONS,

(Cod. Civ., Liv. III, tit. 3, chap. 5),

AVEC LA SOLUTION DES QUESTIONS QUI S'Y RATTACHENT;

Par JEAN-BAPTISTE-JULIEN MANDAROUX-VERTAMY,
Docteur en Droit, Avocat aux Conseils du Roi et à la Cour de Cassation;

POUR LA CHAIRE DE CODE CIVIL VACANTE
à la Faculté de Droit de Paris,
Par le décès de M. GRAPPE.

L'acte public sur la matière sera soutenu le mercredi 3 mai 1826, à trois heures.

PARIS,
IMPRIMERIE DE GUEFFIER, RUE GUÉNÉGAUD, N°. 31.
1826.

JUGES DU CONCOURS.

Messieurs

DELVINCOURT, *Président du concours*, Conseiller de l'Université, Doyen de la Faculté de Droit de Paris, Chevalier de l'ordre royal de Saint-Michel, Officier de la légion-d'honneur.

MORAND.	Professeurs à la Faculté de Droit de Paris.
BLONDEAU.	
BERRIAT SAINT-PRIX	
DE PORTETS, Professeur du Droit de la nature et des gens au collége de France, Chevalier de la légion-d'honneur.	
DURANTON	
DEMANTE	
DEMIAU-CROUZILLAC.	

JUGES - ADJOINTS.

Messieurs

HUA, Inspecteur-Général des Écoles de Droit, Conseiller à la Cour de Cassation, Chevalier de la légion-d'honneur.

OLLIVIER, Conseiller à la Cour de Cassation, Officier de la légion-d'honneur.

D'HARANGUIER DE QUINCEROT, Conseiller à la Cour Royale de Paris, Chevalier de la légion-d'honneur.

A MA FAMILLE.

DE

L'EXTINCTION DES OBLIGATIONS.

Avant de traiter des différens modes d'extinction des obligations, il convient de rappeler, en peu de mots, quelques principes généraux sur la matière.

On entend par obligation un lien qui astreint une personne envers une autre, soit à donner, soit à faire ou à ne pas faire quelque chose. Le droit romain en donne cette définition : *Obligationum substantia consistit ut alium nobis obstringat ad dandum aliquid vel faciendum, vel præstandum.* L. 3, ff. *de Oblig.*

Les auteurs qui ont traité des obligations, les ont divisées communément en parfaites et imparfaites, en naturelles, civiles et mixtes.

L'obligation imparfaite est celle à laquelle nous ne sommes tenus que par des devoirs de charité, de reconnoissance ou de pure bienséance.

L'obligation parfaite est l'obligation qui peut produire des effets en justice.

On entend par obligation naturelle, celle qui lie dans le for intérieur, mais pour laquelle la loi ne donne pas d'action.

L'obligation purement civile est, au contraire, celle à l'exécution de laquelle le débiteur peut être contraint, quoiqu'il n'y soit pas tenu par un lien d'équité.

Enfin, on appelle obligation mixte celle qui engage tout à la fois dans le for intérieur et dans le for extérieur.

Nous ne parlerons pas ici des diverses modifications que les obligations peuvent recevoir, soit de la loi, soit de la convention des parties : nous n'avons à traiter que de la manière dont elles s'éteignent.

DES DIFFÉRENS MODES D'EXTINCTION DES OBLIGATIONS.

Les obligations s'éteignent :

1°. Par le paiement ;

2°. Par la novation ;

3°. Par la remise volontaire ;

4°. Par la compensation ;

5°. Par la confusion ;

6°. Par la perte de la chose due ;

7°. Par la nullité ou la rescision ;

8°. Par l'effet de la condition résolutoire ;

9°. Par la prescription.

SECTION PREMIÈRE.

Du Paiement.

Le paiement est la prestation réelle de la chose due.

Tout paiement fait supposer qu'il a existé une dette. Ainsi, le créancier, pour conserver ce qu'il a reçu, n'est pas obligé de justifier de la légitimité de ses droits, et le débiteur, qui voudrait intenter une action en répétition, serait tenu de prouver que ce qu'il a payé n'était pas dû.

Pour qu'un paiement soit valable, il faut 1°. que celui qui le fait soit propriétaire de la chose, et qu'il soit capable de l'aliéner ;

2°. Qu'il soit fait au créancier capable de recevoir, ou à quelqu'un qui soit autorisé à recevoir pour lui.

Cependant le paiement fait de bonne foi au possesseur de la créance ne laisse pas que de libérer le débiteur; il en est de même du paiement fait à une tierce personne, lorsque le véritable créancier le ratifie ou qu'il en profite; mais, dans ce dernier cas, il n'y a de libération que jusqu'à concurrence du profit.

Le débiteur ne peut donner en paiement autre chose que ce qui fait l'objet de l'obligation; il doit payer, en général, au terme indiqué par la convention; néanmoins s'il existait entre ses mains une saisie ou opposition, il ne pourrait être contraint de payer, et il s'exposerait même, en le faisant, à se rendre personnelles les causes de l'opposition.

Si, à l'échéance du terme, le débiteur est en retard de payer, il peut y être forcé par le créancier; mais, s'il est prêt à s'acquitter, et que le créancier refuse de recevoir, le débiteur peut se libérer en lui faisant des offres avec consignation.

Toutefois l'objet des offres étant de libérer le débiteur contre la volonté du créancier, la loi n'autorise ce mode de paiement, qu'autant que le refus du créancier n'est fondé sur aucune cause légitime.

Tant que la consignation n'a pas été acceptée par le créancier, le débiteur peut la retirer; mais dès que le créancier a déclaré accepter les offres, ou qu'il a été rendu un jugement qui les a reconnues bonnes et valables, le débiteur ne peut plus les retirer sans le consentement du créancier, et l'ancienne dette est éteinte.

Si le créancier consentait à ce que le débiteur les retirât, il se formerait, entre les parties, un contrat nouveau et entièrement étranger à l'ancien.

Si le contrat a eu lieu en considération du talent ou de la personne du débiteur, le paiement ne peut être effectué que par lui seul;

au cas contraire, il peut être fait par un tiers, soit dans la vue de libérer le débiteur, soit dans l'intention de se mettre aux lieu et place du créancier.

Ce dernier mode de paiement s'appelle paiement avec subrogation.

La subrogation est de deux espèces : légale et conventionnelle.

La subrogation légale est celle qui a lieu par la seule force de la loi et sans aucune convention; elle est établie au profit de ceux qui paient une dette, qu'ils avaient intérêt d'acquitter, et non dans la vue d'acquérir une créance.

La subrogation conventionnelle est celle qui résulte d'un accord entre les parties. Cet accord peut avoir lieu entre le créancier et un tiers sans le consentement du débiteur, et même à son insçu.

Il peut encore être fait dans l'intérêt du débiteur, et même sans le consentement du créancier; mais alors, pour prévenir toute fraude, il faut que l'acte d'emprunt et la quittance soient passés devant notaires; que, dans cet acte d'emprunt et dans cette quittance, il soit déclaré d'où provient la somme empruntée et quelle est sa destination.

Du reste, la subrogation ayant pour objet de perpétuer l'obligation, il est conforme à l'équité, comme aux principes du droit, de ne pas lui donner plus d'extension que ne le comportent la convention des parties ou les termes de la loi.

Une fois l'obligation acquittée, il n'est plus au pouvoir du créancier et du débiteur d'opérer la subrogation ; pour qu'elle ait lieu, il faut qu'au moment du paiement elle ait été stipulée, ou acquise.

Tout paiement fait au créancier libère le débiteur jusqu'à concurrence de la somme payée, et s'il n'existe qu'une seule dette, cette dette est éteinte en tout ou en partie. Mais si une personne est débitrice, à plusieurs titres, envers une autre, il importe, relativement aux priviléges et hypothèques qui peuvent avoir été conférés pour chaque obligation, de régler le mode d'imputer les paiemens.

Le plus ordinairement, sans doute, l'imputation sera convenue entre les parties au moment du paiement; s'il n'y a pas eu de convention, elle est réglée par la loi qui, toutes choses égales d'ailleurs, la fait dans l'intérêt du débiteur.

Le débiteur n'est affranchi de son obligation que par un paiement intégral. Tout paiement partiel laisse subsister, en faveur du créancier, le droit de poursuivre en justice le recouvrement du surplus de sa créance.

Cependant la loi, par un sentiment d'humanité en faveur du débiteur qui se trouve dans l'impossibilité d'acquitter ses dettes, a établi le bénéfice de cession.

La cession est de deux espèces: volontaire et judiciaire.

La cession volontaire est réglée par la convention des parties; elle donne aux créanciers la faculté de faire vendre les biens du débiteur afin d'être payés sur le prix; elle les constitue *procuratores in rem suam.*

La cession judiciaire diffère de la cession volontaire, en ce qu'elle peut avoir lieu contre le gré des créanciers. Elle a pour objet d'affranchir le débiteur de la contrainte par corps; mais elle ne le libère, vis-à-vis de ses créanciers, que jusqu'à concurrence de la valeur des biens abandonnés.

SECTION II.

De la Novation.

La novation est la substitution d'une nouvelle dette à une précédente; elle est définie *prioris debiti in aliam obligationem transfusio.*

Elle a lieu de trois manières :

Par le changement d'obligation ;

Par le changement de débiteur ;

Et par le changement de créancier.

L'effet de la novation étant d'éteindre l'ancienne dette, pour la remplacer par une nouvelle, il s'ensuit, d'une part, qu'elle ne peut intervenir qu'entre personnes capables de s'obliger ou d'aliéner; de l'autre, qu'elle ne doit pas se présumer facilement. L'on ne peut, en effet, lorsqu'il n'y a pas une intention clairement manifestée, supposer que le créancier ait voulu renoncer à son ancienne créance, et que le débiteur ait voulu contracter un nouvel engagement. C'est à cette règle qu'il faut se rattacher dans le doute, et il peut se rencontrer beaucoup de cas dans lesquels la preuve qu'il y a ou n'y a pas novation repose sur des raisons plus subtiles que satisfaisantes.

Toutefois, il ne faut pas confondre avec la novation l'accession d'une personne à l'engagement d'une autre.

On ne doit même pas voir une novation dans l'acte par lequel le débiteur donnerait, en son lieu et place, un autre débiteur qui s'obligerait envers le créancier. Cette substitution, se faisant principalement dans l'intérêt du premier débiteur, n'opère de novation, qu'autant que celui-ci est déchargé expressément de son obligation par le créancier : encore cette décharge ne produit-elle pas des effets dans tous les cas.

Du reste, quand il y a novation, elle agit sur l'ancienne créance, et le créancier ne peut, à moins de conventions contraires, conserver les garanties, en priviléges, hypothèques ou cautionnemens assurés par son premier titre, encore bien que, dans le fait, il n'ait pas reçu le montant de la somme pour sûreté de laquelle il avait stipulé ces garanties.

SECTION III.

De la Remise de la Dette.

La remise de la dette est l'abandon volontaire et gratuit que le créancier fait au débiteur de tout ou partie de son droit. Cette remise s'opère de deux manières : expressément ou tacitement.

La remise est expresse quand elle résulte d'une convention entre le débiteur et le créancier.

La remise tacite est celle que l'on induit d'un fait de nature telle, qu'il ne permet pas de supposer, au créancier, l'intention d'user de son titre, et de poursuivre le paiement de ce qui lui est dû.

La remise expresse se règle par les termes de l'acte passé entre les parties ; mais la remise tacite donne lieu à une distinction établie par la loi. En effet, cette remise n'étant fondée que sur la volonté présumée du créancier, il faut considérer les faits et les actes allégués pour servir de fondement à cette présomption.

Ou le titre de la créance est sous-seing privé, ou il est authentique.

S'il est sous-seing privé, comme, en le remettant au débiteur, le créancier s'est dessaisi du seul moyen de prouver son droit, cette remise fait preuve de libération.

S'il est authentique, la remise de la grosse étant un fait beaucoup moins concluant, la loi n'en tire pas la même conséquence, et, au lieu d'une preuve de libération, elle n'attache, au fait de la détention de cette grosse, qu'une simple présomption de remise de dette ou de paiement.

Ce mode d'extinction étant au fond, et quant au résultat, une véritable libéralité, et personne n'étant présumé se dépouiller facilement, il ne faut pas confondre, avec la remise de la dette, certains actes qui paraissent lui être semblables, et qui cependant en diffèrent essentiellement. Ainsi, par exemple, la restitution du gage, faite par le débiteur au créancier, ne saurait faire présumer la remise de la dette, ce fait pouvant s'expliquer autrement que par le dessein de libérer le débiteur.

SECTION IV.

De la Compensation.

Nous avons défini le paiement, la prestation réelle de la chose due.

La compensation est aussi un paiement, mais un paiement fictif. Elle a lieu toutes les fois que deux personnes se trouvent respectivement créancières et débitrices l'une de l'autre. *Compensatio est debiti et crediti inter se contributio*, L. 1, ff., *de Compensat.*

Ce mode d'extinction est réciproquement utile aux deux parties ; il leur procure le double avantage de se libérer promptement de ce qu'elles doivent, et de rentrer par la même voie et au même moment dans ce qui leur est dû.

La compensation est donc fondée sur des motifs pris de l'équité. Elle a lieu de plein droit et à l'insu des débiteurs. En cela le Code nous paraît avoir tranché une question, autrefois très-débattue parmi les docteurs, celle de savoir si elle avait ou non besoin d'être invoquée.

La force de la compensation et les motifs qui l'ont fait admettre sont tels, qu'il ne dépendrait même pas d'une partie de conserver sa créance en consentant à payer ce qu'elle doit à l'autre.

Les tiers, qui seraient cautions de la dette éteinte par la compensation, ou ceux qui en ont profité, soit comme créanciers hypothécaires inscrits en second ordre, soit de toute autre manière, seraient en droit de reprocher au créancier d'avoir négligé le moyen que lui offrait la loi d'être payé de son débiteur.

Mais pour que la compensation soit conforme à l'équité, il faut 1°. qu'elle ne cause aucun préjudice à l'une des parties ; 2°. qu'elle ne nuise pas à des droits acquis.

Elle causerait préjudice à l'une des parties, s'il dépendait de l'autre de faire accepter une créance à terme, en compensation d'une créance exigible.

Elle nuirait à des droits acquis, si on l'admettait au préjudice de saisies-arrêts ou oppositions signifiées au débiteur.

Les sommes arrêtées au nom des créanciers ne peuvent plus être considérées comme libres à l'égard du saisi. Il ne pourrait les exiger au préjudice des créanciers saisissans pour faire un paiement réel; il ne doit donc pas s'en servir pour en faire un paiement fictif.

Il résulte des considérations d'équité, que nous avons déduites pour expliquer ce mode d'extinction réciproque et simultané, que la compensation ne peut avoir lieu que pour des dettes de même nature, telles que, par exemple, les choses fongibles dans lesquelles *tantumdem est idem*, ou pour les dettes indéterminées du même genre.

Il résulte également, des considérations de morale et d'ordre public, que la compensation ne peut être opposée par le dépositaire pour se dispenser de restituer le dépôt, ni par le détenteur d'une chose dont le propriétaire aurait été injustement dépouillé. *Spoliatus antè omnia restituendus.*

SECTION V.

De la Confusion.

La confusion diffère de la compensation, en ce que, dans la compensation, il y a réunion dans deux personnes de la qualité de créancier et de débiteur; au lieu que, dans la confusion, ces deux qualités se trouvent réunies dans une seule et même personne, et pour la même dette.

La confusion n'éteint pas la dette de la même manière que le paiement; elle libère seulement la personne du débiteur, sur la tête duquel se fait la confusion, et cela par la raison que personne ne peut se poursuivre soi-même. *Confusio potiùs eximit personam ab obligatione quàm extinguit obligationem.*

Cette distinction peut paraître subtile, mais il est pourtant des cas dans lesquels elle est importante à noter, ce qui suffit pour la justifier. Ainsi, lorsque le créancier devient l'héritier unique de l'un des débiteurs solidaires, sa créance n'est pas éteinte pour le tout; elle ne l'est que pour la part dont il était tenu dans la dette.

Une créance n'est éteinte par la confusion qu'autant que la même personne se trouve créancière et débitrice principale et unique.

SECTION VI,

De la Perte de la chose due.

L'obligation, ainsi que nous l'avons dit, a toujours un objet. Si cet objet vient à périr sans la faute de celui qui doit le fournir, ce dernier est dégagé de son obligation.

Mais cette libération, accordée au débiteur, cesse d'être équitable quand il est reconnu que la chose a péri, après sa mise en demeure, et qu'elle n'eût pas péri si elle eût été livrée au créancier à l'époque convenue.

La perte de la chose due n'est jamais un moyen de libération pour celui qui l'a volée; mais pour tout autre détenteur de bonne foi, elle éteint la dette, et par conséquent l'action du créancier,

Ce mode d'extinction doit s'étendre, par analogie, au cas

où la chose est mise hors du commerce ; mais alors le débiteur est tenu de céder au créancier les actions qui lui appartiennent à titre d'indemnité.

SECTION VII.

De l'Action en nullité ou en rescision des conventions.

La distinction entre l'action en nullité et l'action en rescision, était, dans l'ancien droit, beaucoup plus marquée que dans le nouveau. Le Code semble les confondre dans ce titre, quoiqu'il nous paraisse possible, cependant, d'établir entre elles certaines différences.

Ne pouvant nous attacher à les faire ressortir dans un travail où nous ne devons présenter que des vues générales, nous dirons seulement que les vices qui portent sur des dispositions d'ordre public nous semblent créer des causes de nullité, tandis que les causes de rescision, au contraire, sont plus particulièrement fondées sur des motifs d'intérêt privé.

Les causes de nullité n'ont souvent besoin d'autres preuves que de celles d'un simple fait, comme de l'existence du mariage, s'il est question des actes passés par la femme sans l'autorisation de son mari ; de la preuve de l'interdiction, s'il s'agit des actes consentis par l'interdit ; tandis que les causes de rescision exigent une appréciation de faits et de circonstances confiée à la sagesse et à la religion des magistrats.

L'une et l'autre action doit être intentée dans le délai de dix ans ; mais ce délai, d'après la maxime *Contrà non valentem agere non currit præscriptio*, doit être utile, c'est-à-dire, qu'il ne peut courir que du jour où le demandeur a pu agir.

Lorsque les causes de nullité ou de rescision ne sont pas fondées sur des motifs d'ordre public, il est au pouvoir des parties de valider, par une ratification, la convention entachée de ces vices.

Cette ratification peut être même de deux sortes : expresse, si la personne qui pouvait intenter l'action déclare y renoncer; tacite, si, à l'époque où la prescription commence à courir, elle fait un acte qui soit incompatible avec l'action établie à son profit.

SECTION VIII.

De la Condition résolutoire.

La condition résolutoire a pour effet de révoquer l'obligation, en remettant, pour l'avenir, les parties au même état que s'il n'y eût jamais eu de convention.

Cette condition diffère de la condition suspensive, en ce qu'elle présuppose l'existence d'une convention parfaite, tandis que l'obl gation, sous condition suspensive, ne reçoit son complément qu lorsque la condition vient à se réaliser.

La condition résolutoire peut être expresse ou tacite.

Si elle est expresse, l'obligation est résolue de plein droit; il suffit d'établir que le cas prévu est arrivé.

Si elle est tacite, elle rentre dans l'appréciation du juge, qui examine si l'infraction de l'une des parties contractantes est de nature à faire résoudre la convention.

SECTION IX.

De la Prescription à l'effet de se libérer.

Considérée sous un point de vue général, la prescription est un moyen d'acquérir ou de se libérer par un certain laps de temps.

Au premier abord, il paraît difficile d'établir d'une manière bien satisfaisante la distinction, entre celle qui a lieu à l'effet d'acquérir, et celle qui a lieu à l'effet de se libérer, puisque l'une et l'autre peuvent avoir le résultat commun d'écarter le propriétaire légitime, en lui faisant perdre ses droits.

Mais il ne faut pas conclure de cette similitude des effets à la similitude des causes. Dans la prescription à l'effet de se libérer, c'est particulièrement, et presque uniquement, la durée du temps que l'on considère ; tandis que, dans la prescription à l'effet d'acquérir, proprement dite, il faut la réunion de certaines conditions.

§. Ier.

De la Prescription de trente ans.

La première des prescriptions à l'effet de se libérer est la prescription de trente ans.

Soit qu'après cet intervalle de temps écoulé sans poursuites, le débiteur soit présumé avoir payé la dette et avoir pu égarer la preuve de sa libération, soit qu'on regarde l'extinction de la créance, comme une peine infligée à la négligence et au long silence du créancier, ce dernier ne peut plus faire usage de son titre.

Mais quel qu'ait été le motif que l'on ait donné à la prescription à l'effet de se libérer, on ne pouvait sans une grande rigueur, peut-être même sans une grande injustice, l'établir indistinctement dans toutes les circonstances.

Ainsi, dans certains cas, la qualité du créancier; dans d'autres, la nature de l'action, en font suspendre le cours.

La prescription peut non-seulement être suspendue, mais elle peut même être interrompue. L'interruption peut être de deux sortes : elle peut provenir du fait et de la volonté du débiteur, comme elle peut avoir lieu contre sa volonté et par le fait du créancier.

La suspension et l'interruption conservent l'une et l'autre le droit du créancier, et privent le débiteur de la faculté de se prévaloir du laps de temps. Sous ce rapport, on semblerait devoir les confondre : mais il y a entre elles cette grande différence, que l'interruption ouvre une nouvelle période, dans laquelle le débiteur ne pourra plus se prévaloir du temps antérieur ; tandis que, par la suspension, le cours de la prescription n'est qu'arrêté ; et quand l'obstacle est levé, le débiteur, pour compléter la prescription, peut ajouter, au temps antérieur à la suspension, celui qui a couru depuis qu'elle est levée.

§. II.

Des Prescriptions de dix ans.

Nous ne comprenons pas dans ces prescriptions, ainsi que nous l'avons annoncé, celle qui est établie en faveur du possesseur qui a acheté de bonne foi la chose d'autrui. Quoiqu'après l'espace de dix ou vingt ans ce possesseur soit libéré de l'action tendante à la revendication du fonds par lui acquis, cette libération lui advient plutôt comme conséquence, que comme droit principal.

Il ne nous semble pas non plus que l'on puisse appeler, du véritable nom de prescription, la déchéance prononcée contre ceux qui, ayant à intenter une action en nullité ou en rescision, laissent passer le délai dans lequel ces actions devaient être exercées. Ces déchéances, quoiqu'elles produisent, sous plusieurs rapports, des effets semblables à la prescription, nous paraissent appartenir beaucoup plus aux fins de non-recevoir proprement dites, qu'à la prescription à l'effet de se libérer.

Mais il est d'autres prescriptions de dix ans que l'on peut ranger, ce nous semble, avec plus de raison, dans la classe des prescriptions à l'effet de se libérer. Et d'abord, nous plaçons en première ligne la prescription établie en faveur du tuteur relativement aux faits de la tutelle. Par des motifs d'équité et de justice, la loi n'a pas voulu qu'un tuteur, après avoir géré une tutelle souvent fort compliquée, fût exposé, comme tous les débiteurs ordinaires, à une action trentenaire.

Deux motifs nous paraissent servir de base à l'exception établie en sa faveur. D'abord, la difficulté où il eût été de conserver, pendant trente ans, les titres qui établissent sa libération. En second lieu, cette exception nous paraît fondée sur cette considération morale, que le tuteur n'est point un débiteur ordinaire, puisqu'il n'est exposé à l'action de la tutelle, que par suite d'une charge qu'il s'est imposée ou qu'on lui a imposée dans l'intérêt de son pupille.

Ces considérations font donc du tuteur et du mineur une classe particulière de débiteurs et de créanciers.

Mais cette prescription de dix ans, que le tuteur peut invoquer relativement aux faits de la tutelle, pourrait-il l'invoquer pour repousser l'action en reddition de compte?

Dans le premier cas, le tuteur a satisfait à toutes les conditions de la loi, elle doit le protéger. Il a pu d'ailleurs rendre son compte de bonne foi, et négliger les moyens de conserver tout ce qui peut le justifier.

Dans le second, au contraire, le tuteur a négligé de terminer, comme il devait le faire, son administration. Il doit être soumis à une prescription ordinaire.

Nous plaçons en seconde ligne la prescription établie en faveur de l'architecte qui a construit un édifice.

§. III.

Des Prescriptions de cinq ans et au-dessous.

Ces prescriptions se divisent en prescriptions de cinq ans, de deux ans, d'un an et de six mois. Nous nous dispenserons de donner l'analyse de chacune d'elles, et nous nous bornerons, au sujet de ces diverses prescriptions, à cette réflexion générale, savoir : qu'elles sont établies bien moins contre le créancier qu'en faveur des personnes qui peuvent les invoquer.

Dans ces sortes de prescriptions, la présomption de paiement acquiert une grande force de probabilité, soit de la nature de la chose réclamée, soit de la qualité des personnes contre lesquelles l'action est dirigée.

Ces prescriptions courent contre toute espèce de créanciers, mineurs ou interdits. Mais précisément parce qu'elles sont soumises à un délai plus court que les autres, la loi permet d'exiger le serment de ceux qui veulent s'en prévaloir, et l'on s'assure ainsi, autant que possible, qu'elles ne sont pas interposées en justice pour favoriser la mauvaise foi du défendeur.

QUESTIONS.

I.

Peut-on répéter une dette prescrite que l'on a payée par erreur? Non.

II.

Le paiement d'un capital fait pour le fils au père tuteur et mineur libère-t-il le débiteur ? Oui.

III.

Le paiement d'une chose fongible fait par le non-propriétaire, peut-il être répété contre le créancier de bonne foi entre les mains duquel la chose a péri? Non.

IV.

Si la chose donnée en paiement par le mineur vient à périr par cas fortuit dans les mains du créancier, le mineur est-il libéré? Oui.

V.

Le paiement fait de bonne foi, par le débiteur qui ignorait que son créancier eût été interdit, est-il valable? Non.

VI.

La cession de biens doit-elle être acceptée par tous les créanciers? Oui.

VII.

Peut-on, par la novation, convertir une obligation fondée sur une cause illicite en une obligation valable? Non.

VIII.

L'obligation valable convertie en une obligation illicite est-elle éteinte par la novation? Non.

IX.

La remise de la dette, faite à l'enfant naturel, s'impute-t-elle sur la part qui lui revient dans la succession de son père? Oui.

X.

La remise de la dette est-elle révoquée pour survenance d'enfans? Non.

XI.

Les créances abandonnées à titre de remise par le défunt comptent-elles pour la supputation de la quotité disponible, et les légitimaires pourraient-ils au besoin les atteindre par l'action en réduction? Oui.

XII.

Peut-on opposer une dette naturelle en compensation d'une créance exigible? Non.

XIII.

Le débiteur d'une rente perpétuelle peut-il opposer la compensation? Oui.

XIV.

Lorsque l'indignité est prononcée pour une cause postérieure au décès du défunt, la confusion, qui s'était opérée dans la personne de l'indigne, est-elle censée non avenue? Cette confusion conserve ses effets.

XV.

La perte de la chose arrivée par le fait de l'un des héritiers du débiteur, libère-t-elle les autres héritiers? Oui.

XVI.

Dans le contrat de société la perte de la chose, avant que la tradition en ait été faite à la société est-elle pour le compte de l'associé? Oui.

XVII.

Le mineur peut-il être restitué contre un mineur? Oui.

XVIII.

La vente d'un immeuble faite par le mineur émancipé, sans les formalités prescrites, est-elle radicalement nulle? Non.

XIX.

Le vendeur, qui a poursuivi l'exécution du contrat, est-il encore recevable à exercer l'action résolutoire, à défaut de paiement? Oui, si l'acquéreur n'a point fait des offres.

XX.

La rescision d'une vente fait-elle revivre contre le vendeur, et à leur ancienne date, les hypothèques dont les créanciers avaient donné main-levée à l'acquéreur sur la foi de ses promesses? Non.

XXI.

Lorsque la condition résolutoire est formellement exprimée dans un contrat, l'inexécution de cette condition en opère-t-elle, en telle sorte que les juges ne puissent pas accorder un délai ? Oui.

XXII.

Le cohéritier non payé de sa soulte peut-il demander la résolution de l'acte de partage ? Oui.

XXIII.

Les créanciers inscrits du mineur devenu majeur peuvent-ils critiquer la ratification d'une obligation que ce dernier avait consentie, et qui avait été inscrite pendant sa minorité? Non.

XXIV.

La prescription de dix ans en faveur du tuteur s'applique-t-elle à l'obligation où il est de rendre compte ? Non, il n'y a que celle de trente ans.

XXV.

La prescription de dix ans, pour fait de tutelle, est-elle suspendue par la minorité des héritiers de l'oyant compte ? Non.

www.ingramcontent.com/pod-product-compliance
Ingram Content Group UK Ltd.
Pitfield, Milton Keynes, MK11 3LW, UK
UKHW020451220726
13923UKWH00005B/2476

9 782019 291891